| | |
|---|---|
| el colegio - sekolo | 2 |
| el viaje - eta | 5 |
| el transporte - senamelwa | 8 |
| la ciudad - toropo | 10 |
| el paisaje - lefelo la dithaba | 14 |
| el restaurante - lebenkele la dijo | 17 |
| el supermercado - lebenkele la dihlare | 20 |
| las bebidas - dino | 22 |
| la comida - dijo | 23 |
| la granja - polasa | 27 |
| la casa - ntlo | 31 |
| el living - phapoši ya go dula | 33 |
| la cocina - boapeelo | 35 |
| el baño - kamora ya go hlapela | 38 |
| el cuarto de los chicos - phapoši ya bana | 42 |
| la ropa - diaparo | 44 |
| la oficina - ofisi | 49 |
| la economía - ekonomi | 51 |
| las ocupaciones - bodulo | 53 |
| las herramientas - didirišwa | 56 |
| los instrumentos musicales - didirišwa tša mmino | 57 |
| el zoológico - zuu | 59 |
| los deportes - dipapadi | 62 |
| las actividades - mediro | 63 |
| la familia - lelapa | 67 |
| el cuerpo - mmele | 68 |
| el hospital - sepetlele | 72 |
| la emergencia - tšhoganetšo | 76 |
| la Tierra - Lefase | 77 |
| el reloj - sešupanako | 79 |
| la semana - beke | 80 |
| el año - ngwaga | 81 |
| las formas - dibopego | 83 |
| colores - mebala | 84 |
| los opuestos - tša go fapana | 85 |
| los números - dinomoro | 88 |
| los idiomas - maleme | 90 |
| quién / qué / cómo - mang / eng / bjang | 91 |
| dónde - kae | 92 |

Impressum
Verlag: BABADADA GmbH, Nedderfeld 112 , 22529 Hamburg
Geschäftsführer / Verlagsleitung: Harald Hof
Druck: Books on Demand GmbH, In de Tarpen 42, 22848 Norderstedt

Imprint
Publisher: BABADADA GmbH, Nedderfeld 112 , 22529 Hamburg, Germany
Managing Director / Publishing direction: Harald Hof
Print: Books on Demand GmbH, In de Tarpen 42, 22848 Norderstedt

# el colegio
## sekolo

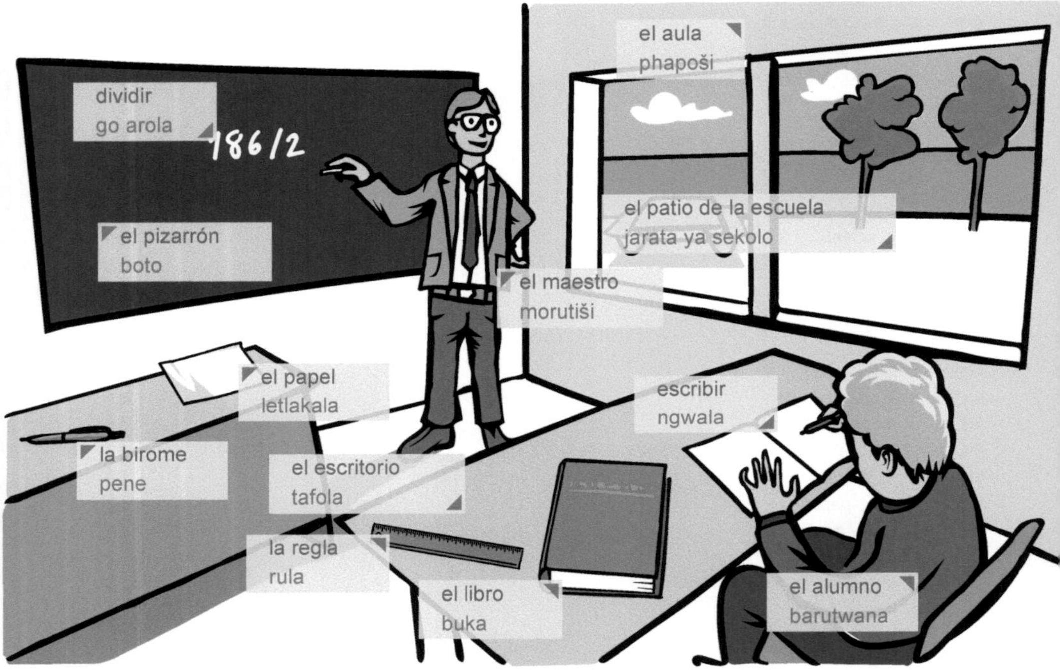

el aula
phapoši
dividir
go arola
186/2
el pizarrón
boto
el patio de la escuela
jarata ya sekolo
el maestro
morutiši
el papel
letlakala
escribir
ngwala
la birome
pene
el escritorio
tafola
la regla
rula
el libro
buka
el alumno
barutwana


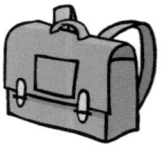

la mochila

peke

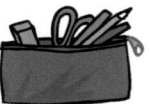

la caja de lápices

kheise ya phensele

el lápiz

phensele

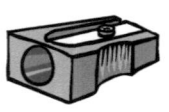

el sacapuntas

motšhene wa go betla phensele

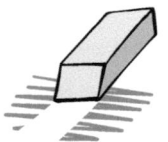

la goma (de borrar)

rabhara

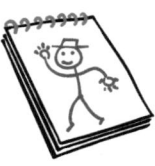

el bloc de dibujo

phede ya ho thala

el dibujo

go thala

el pincel

borashe ya go penta

la caja de pinturas

lepokisi la go penta

la tijera

sekero

el pegamento

sekgomaretši

el cuaderno de ejercicios

puku ya go ngwala

la tarea

mošomo wa gae

el número

nomoro

2+2

sumar

tlatša

5-2

restar

go ntšha

2×2

multiplicar

go atiša

calcular

khalekhuleitha

A

la letra

lengwalo

el abecedario

alefapete

la palabra

lentšu

el texto

mongolo

leer

bala

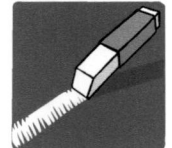

la tiza

tšhoko

la lección

thuto

el cuaderno de clase

puku ya maina

el examen

thuto

el certificado

setifikeite

el uniforme escolar

diaparo tša sekolo

la educación

thuto

la enciclopedia

encyclopedia

la universidad

yunibesithi

el microscopio

maekrosekoupo

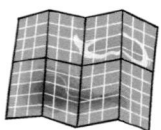

el mapa

mmapa

el tacho (de basura)

pasekete ya matlakala a ditšhila

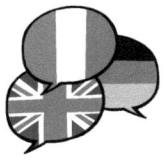

# el viaje
## eta

el hotel
hotele
Grand
el hostel
hosetele
ROOMS
la casa de cambio
lefelo la go fetola tšhelete
la valija
sutukheise
el auto
koloi


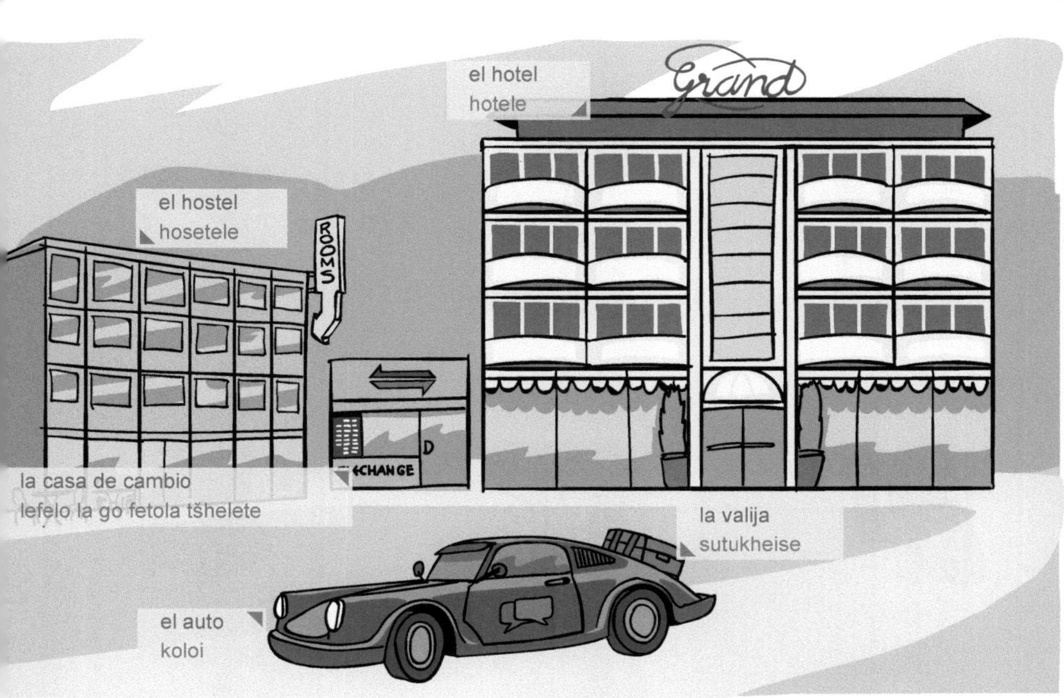

el idioma
Leleme

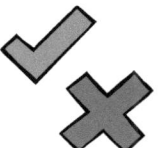

sí / no
ee / aowa

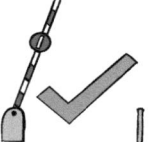

Está bien
Go lokile

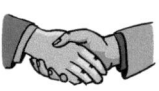

hola
Dumela

el traductor
mofetoledi

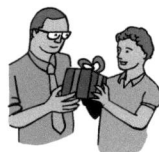

Gracias
Re a leboga

| | | |
|---|---|---|
|  |  |  |
| ¿cuánto cuesta…? | No entiendo | el problema |
| … ke bokae? | ga ke kwešiše | bothata |
|  |  |  |
| ¡Buenas tardes! | ¡Buenos días! | ¡Buenas noches! |
| Thobela! | Meso e mebotse! | Robala botse! |
|  |  |  |
| el adiós | la dirección | el equipaje |
| šala gabotse | keletšo ya tsela | peke |
|  |  |  |
| el bolso | la mochila | el invitado |
| peke | mokotla wa dipuku | moeng |
|  |  |  |
| la habitación | la bolsa de dormir | la carpa |
| phapoši | pekana ya go robala | mokhukhu |

la información turística

boitsebišo bja moeti

la playa

lewatleng

la tarjeta de crédito

karata ya mokitlana

el desayuno

dijo tša mesong

el almuerzo

matena

la cena

dijo tša mantšiboa

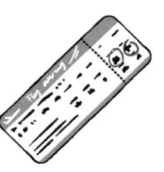

el pasaje

thikethe

el ascensor

lifithi

el sello

setempe

la frontera

border

la aduana

setlwaedi

la embajada

embassy

la visa

visa

el pasaporte

phasepoto

# el transporte
# senamelwa

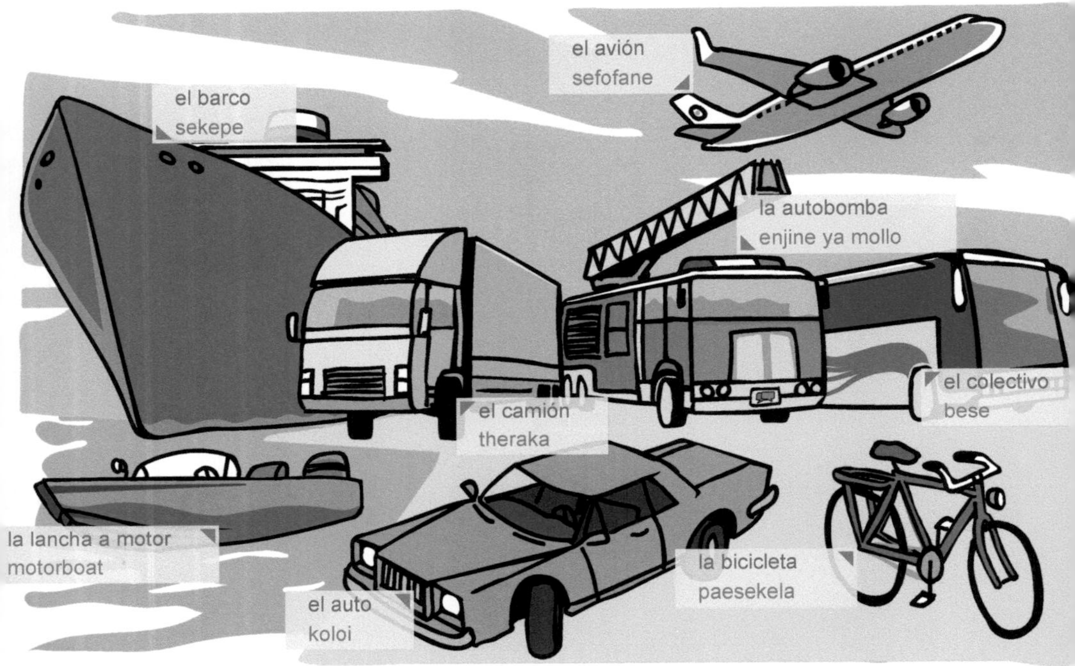
el avión
sefofane
el barco
sekepe
la autobomba
enjine ya mollo
el colectivo
bese
el camión
theraka
la lancha a motor
motorboat
la bicicleta
paesekela
el auto
koloi

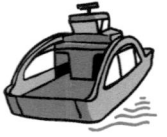

el ferry

feri

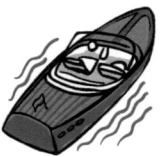

el bote

sekepe

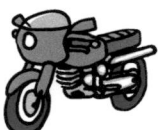

la moto

sethuthuthu

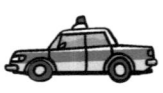

el patrullero

koloi ya maphodisa

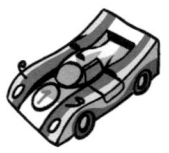

el auto de carreras

koloi ya go šiašiana

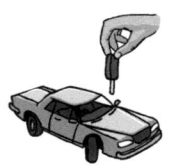

el auto de alquiler

koloi ya go rentišwa

| | | |
|---|---|---|
|  |  |  |
| el alquiler de autos | la grúa | el camión de la basura |
| go arogana koloi | theraka ya go goga | theraka ya ditlakala |
|  |  |  |
| el motor | la nafta | la estación de servicio |
| mmotho | makhura | seteišene sa makhura |
|  | 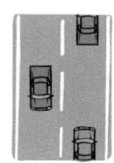 |  |
| la señal de tránsito | el tránsito | el embotellamiento |
| leswao la therafiki | therafiki | therafiki |
|  |  |  |
| el estacionamiento | la estación de tren | las vías |
| lefelo la go phaka dikoloi | seteišene sa terene | tsela |
|  | 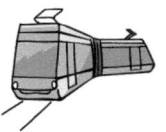 |  |
| el tren | el tranvía | el vagón |
| terene | theramo | koloi |

el helicóptero

sefofane

el aeropuerto

boemafofane

la torre

serokami

el pasajero

monamedi

el contenedor

seswari

la caja de cartón

lepokisana

la carretilla

khathe

la canasta

basket

despegar / aterrizar

go tloga / go kwatama

# la ciudad

## toropo

el pueblo

motse

el centro de la ciudad

bogareng bja toropo

la casa

ntlo

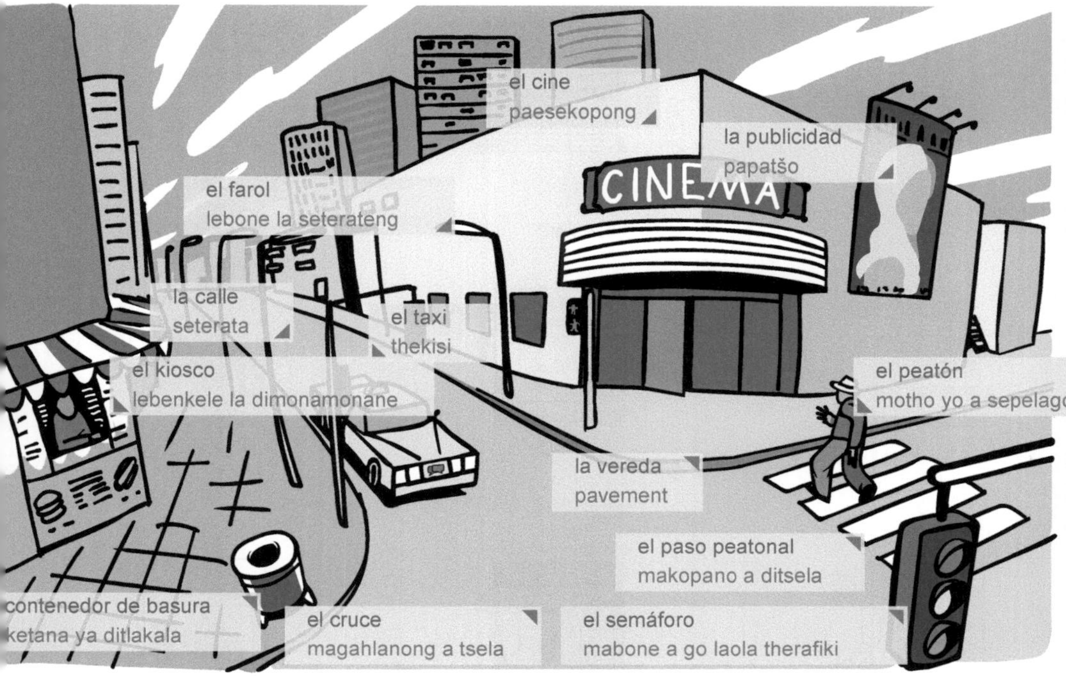

el cine
paesekopong

la publicidad
papatšo

el farol
lebone la seterateng

la calle
seterata

el taxi
thekisi

el kiosco
lebenkele la dimonamonane

el peatón
motho yo a sepelago

la vereda
pavement

el paso peatonal
makopano a ditsela

contenedor de basura
ketana ya ditlakala

el cruce
magahlanong a tsela

el semáforo
mabone a go laola therafiki

la cabaña
mokutwana

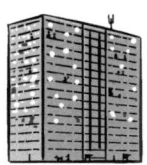
el departamento
folete

la estación de tren
seteišene sa terene

la municipalidad
holo ya toropong

el museo
museamo

el colegio
sekolo

la ciudad - toropo 11

la universidad

yunibesithi

el banco

panka

el hospital

sepetlele

el hotel

hotele

la farmacia

lebenkele la dihlare

la oficina

ofisi

la librería

lebenkele la dipuku

el negocio

lebenkele la dijo

la florería

lebenkele la matšoba

el supermercado

lebenkele la dihlare

el mercado

mmakete

las grandes tiendas

lebenkele la dilo tše dintši

la pescadería

fishmonger's

el centro comercial

lefelo la mabenkele

el puerto

boemakepe

el parque

phaka

el banco

bench

el puente

leporogo

las escaleras

ditepisi

el subte

ka tlase

el túnel

thanele

la parada del colectivo

boemela pese

el bar

bar

el restaurante

lebenkele la dijo

el buzón

lepokisi la poso

el letrero

leswao la seterata

el parquímetro

mithara wa go phaka koloi

el zoológico

zuu

la pileta

letamo la go rutha

la mezquita

lefelo la mamoseleme

la granja

polasa

la contaminación

tšhilafalo

el cementerio

mabitla

la iglesia

kereke

los juegos infantiles

lefelo la go bapala

el templo

tempele

## el paisaje
## lefelo la dithaba

la hoja
letlakala

el poste indicador
leswao la tsela

el camino
tsela

la pradera
lefelo kgauswi le noka

la piedra
letlapa

el árbol
mohlare

el excursionista
mophara thaba

el río
noka

la hierba
bjang

la flor
letšoba

el valle

tsela

la montaña

thaba

el lago

letangwana la meetsi

el bosque

sethokgwa

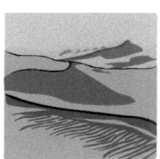

el desierto

leganata

el volcán

thabamollo

el castillo

ntlo e kgolo

el arco iris

molalatladi

el champiñón

mushroom

la palmera

palm tree

el mosquito

monang

la mosca

fofa

la hormiga

ditšhošwane

la abeja

nosi

la araña

segokgo

el escarabajo

khunkhwane

la rana

segwagwa

la ardilla

squirrel

el erizo

noko

la liebre

mmutla

la lechuza

leribiši

el pájaro

nonyana

el cisne

mogolodi

el jabalí

kolobe ya naga

el ciervo

phuthi

el alce

phuthi

la presa

letamo

el aerogenerador

wind turbine

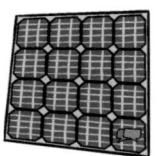

el panel solar

phanele ya solar

el clima

leratadima

# el restaurante
# lebenkele la dijo

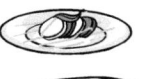

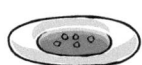

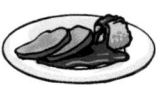

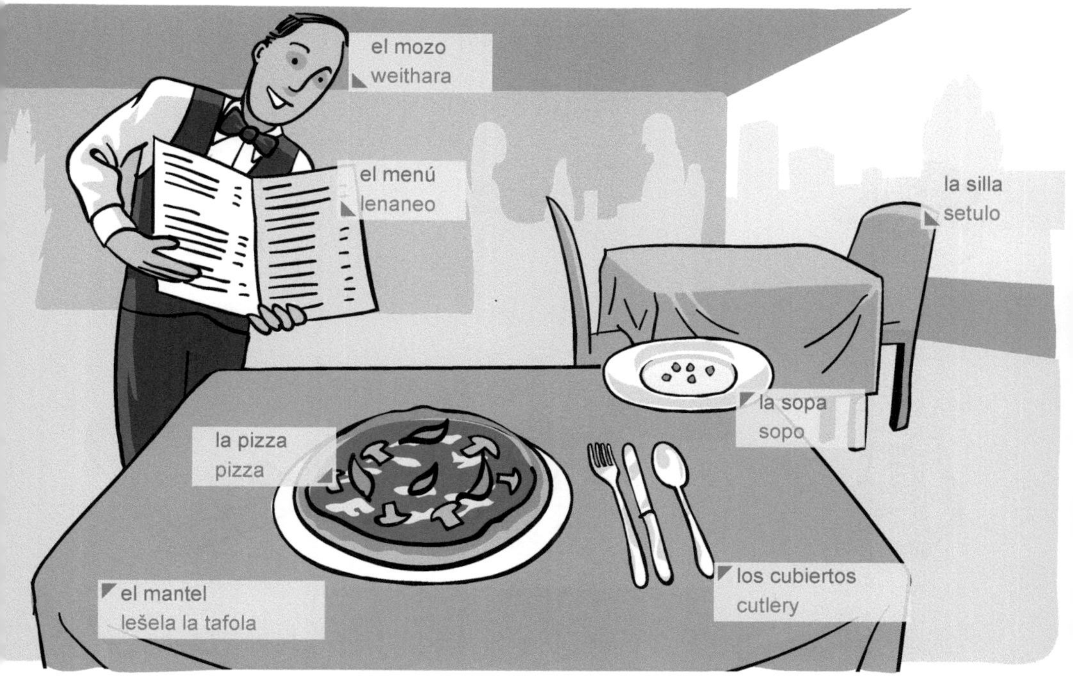
el mozo
weithara
el menú
lenaneo
la silla
setulo
la sopa
sopo
la pizza
pizza
los cubiertos
cutlery
el mantel
lešela la tafola

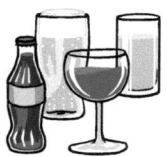

la entrada
dijo tša mathomo

el plato principal
dijo

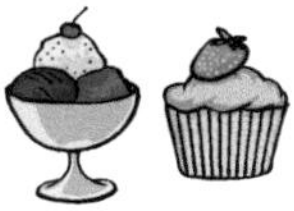

el postre
dimonamonane

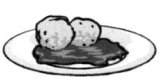

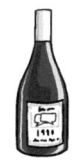

las bebidas
dino

la comida
dijo

la botella
lepotlelo la ngwana

la comida rápida

fastfood

la comida callejera

dijo tša seterateng

la tetera

ketlele ya tea

la azucarera

poleitana swikiri

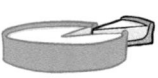

la porción

karolo

la cafetera expreso

motšhene wa espresso

la sillita alta

setulo sa godimo

la cuenta

tefo

la bandeja

therei

el cuchillo

thipa

el tenedor

foroko

la cuchara

lelepola

la cucharita

lelepola

la servilleta

lešela la go iphomola

el vaso

galase

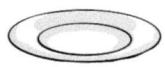

el plato

poleite

el plato hondo

poleite ya sopo

el plato

sosara

la salsa

moroto

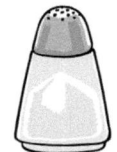

el salero

poto ya letswai

el molinillo de pimienta

sešila phepha

el vinagre

vinegar

el aceite

makhura

las especias

sepaese

el kétchup

tamatisoso

la mostaza

masetete

la mayonesa

mayonnaise

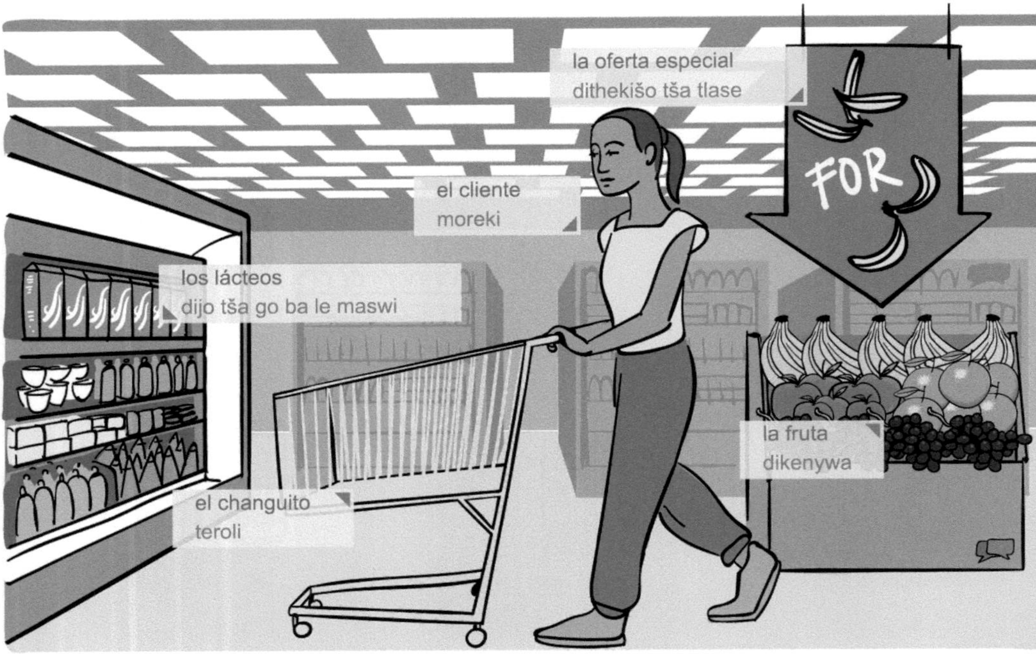

# el supermercado
# lebenkele la dihlare

la oferta especial
dithekišo tša tlase

el cliente
moreki

los lácteos
dijo tša go ba le maswi

el changuito
teroli

la fruta
dikenywa

la carnicería
selaga

la panadería
moapei wa dikuku

pesar
kala

las verduras
merogo

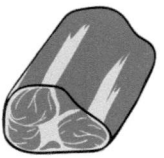

la carne
nama

los alimentos congelados
dijo tše gahlišitšwego

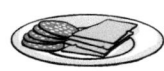

los fiambres

nama ya go tonya

los alimentos enlatados

tinned food

el detergente en polvo

sešepi sa go hlatswa

las golosinas

dimonamonane

los electrodomésticos

dilo tša ka ntlong

los productos de limpieza

didirišwa tša go hlwekiša

la vendedora

morekiši

la caja

till

el cajero

morekiši

la lista de compras

lenaneo la tše rekišwago

el horario de atención

diiri tša go bula

la billetera

sepatšhe

la tarjeta de crédito

karata ya mokitlana

la cartera

peke

la bolsa de plástico

peke ya polasetiki

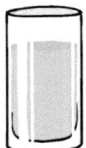

el agua

meetsi

el jugo

Juice

la leche

maswi

la bebida cola

coke

el vino

beine

la cerveza

bhiri

el alcohol

bjala

el cacao

cocoa

el té

tea

el café

kofi

el café expreso

espresso

el cappuccino

cappuccino

la banana

banana

la manzana

apola

la naranja

namome

el melón

melon

el limón

namone

la zanahoria

carrot

el ajo

garlic

el bambú

bamboo

la cebolla

keiye

el champiñón

mushroom

las nueces

ditokomane

los fideos

noodles

los tallarines

spaghetti

el arroz

raese

la ensalada

salate

las papas fritas

ditšhipisi

las papas fritas

matapola a gadikilwego

la pizza

pizza

la hamburguesa

hambeka

el sándwich

sandwich

el churrasco

cutlet

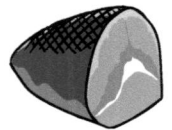

el jamón

ham

el salame

salami

la salchicha

sausage

el pollo

kgogo

el asado

gadika

el pescado

hlaphi

los copos de avena

bogobe bja oats

el muesli

muesli

los copos de maíz

cornflakes

la harina

folouro

la medialuna

croissant

el pancito

dipanse

el pan

borotho

la tostada

toaster

las galletitas

dipisikiti

la manteca

botoro

la cuajada

curd

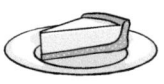

la torta

kuku

el huevo

lee

el huevo frito

lee le gadikilwego

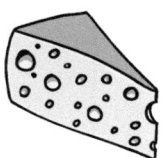

el queso

tshese

la comida - dijo

el helado

ice cream

el azúcar

swikiri

la miel

todi ya dinosi

la mermelada

jeme

la pasta de chocolate

chocolate spread

el curry

curry

la granja
ntlo ya polasa

el granero
barn

el fardo de paja
bojwang

el campo
mašemo

el caballo
pere

el remolque
letorokisi

el potrillo
pere

el tractor
terekere

el burro
pokolo

la oveja
nku

el cordero
kwana

la cabra

pudi

la vaca

kgomu

el ternero

namane

el cerdo

kolobe

el lechón

kolobjana

el toro

poo

el ganso

leganse

el pato

leganse

el pollo

letswienyane

la gallina

kgogo

el gallo

mokoko

la rata

legotlo

el gato

katse

el ratón

legotlo

el buey

pholo

el perro

mpšha

la cucha

ntlwana ya mpšha

la manguera

lethompo la seratswana

la regadera

khene ya meetse

la guadaña

peke

el arado

megoma ya terekere

la hoz

sekele

la azada

mogoma

la horquilla

foroko

el hacha

selepe

la carretilla

kiribai

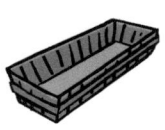

el abrevadero

letangwana la meetsi

la lechera

khene ya maswi

la bolsa

lesaka

la reja

fense

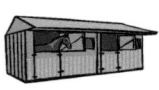

el establo

stable

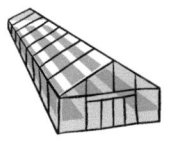

el invernadero

ntlwana ya galase ya dihlare

el suelo

mobu

la semilla

peu

el fertilizador

manyora

la cosechadora

motšhene wa go buna

cosechar

buna

la cosecha

buna

las batatas

tse monate

el trigo

korong

la soja

soy

la papa

letapola

el maíz

korong

la semilla de colza

rapeseed

el árbol frutal

mohlare wa dikenywa

la mandioca

cassava

los cereales

disereale

# la casa

# ntlo

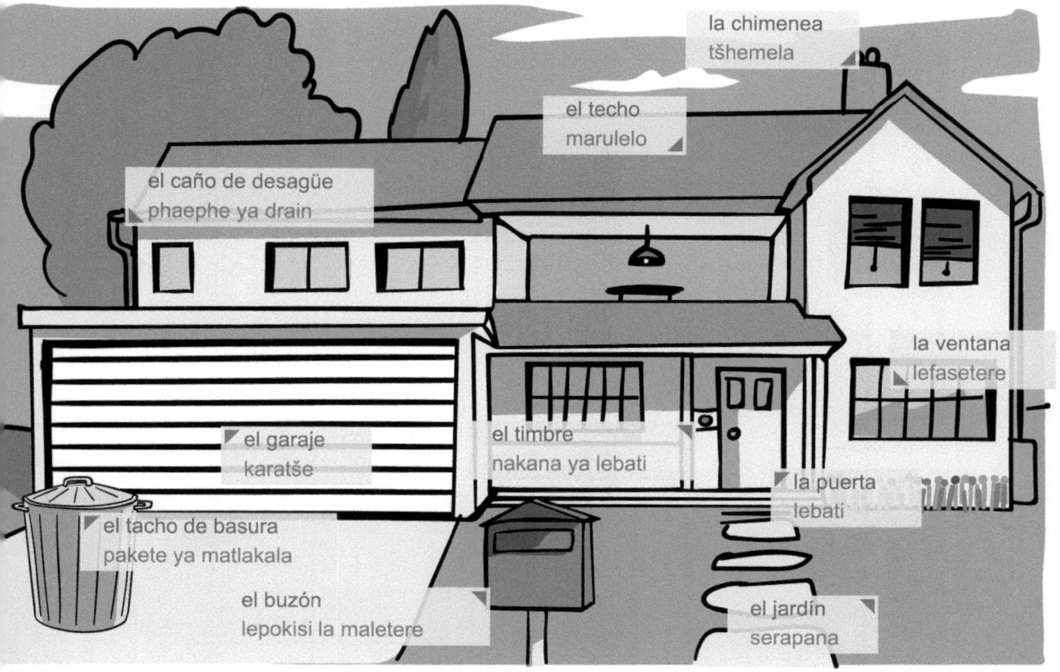
la chimenea
tšhemela
el techo
marulelo
el caño de desagüe
phaephe ya drain
la ventana
lefasetere
el garaje
karatše
el timbre
nakana ya lebati
la puerta
lebati
el tacho de basura
pakete ya matlakala
el buzón
lepokisi la maletere
el jardín
serapana

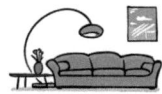

el living

phapoši ya go dula

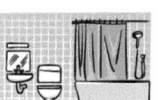

el baño

kamora ya go hlapela

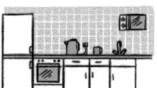

la cocina

boapeelo

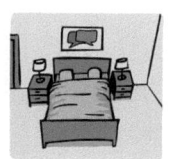

el dormitorio

phapoši ya go robala

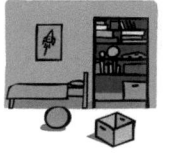

el cuarto de los chicos

phapoši ya bana

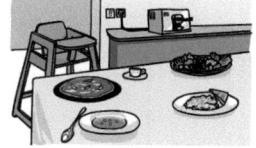

el comedor

lefelo la boiketlo

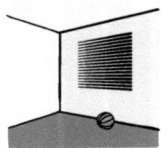

el piso

fase

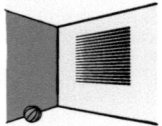

la pared

lebota

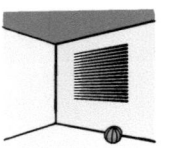

el cielorraso

siling

el sótano

cellar

el sauna

sauna

el balcón

letsikangope

la terraza

lelapa

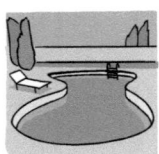

la pileta

letamo la go rutha

la cortadora de pasto

motšhene wa go sega bjang

la sábana

lešela la go iphomola

el acolchado

lešela la mpeto

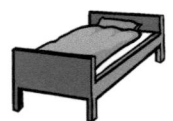

la cama

mpeto

la escoba

leswielo

el balde

pakete

el interruptor

pholaka

# el living

# phapoši ya go dula

el empapelado
senepe sa sediriŝwa
la imagen
senepe
la lámpara
lebone
el estante
shelofe
el armario
khaboto
la televisión
thelebišene
la chimenea
lefelo la mollo
la flor
letšoba
el almohadón
kobo
el sofá
sofa
el florero
vase
el control remoto
remote control

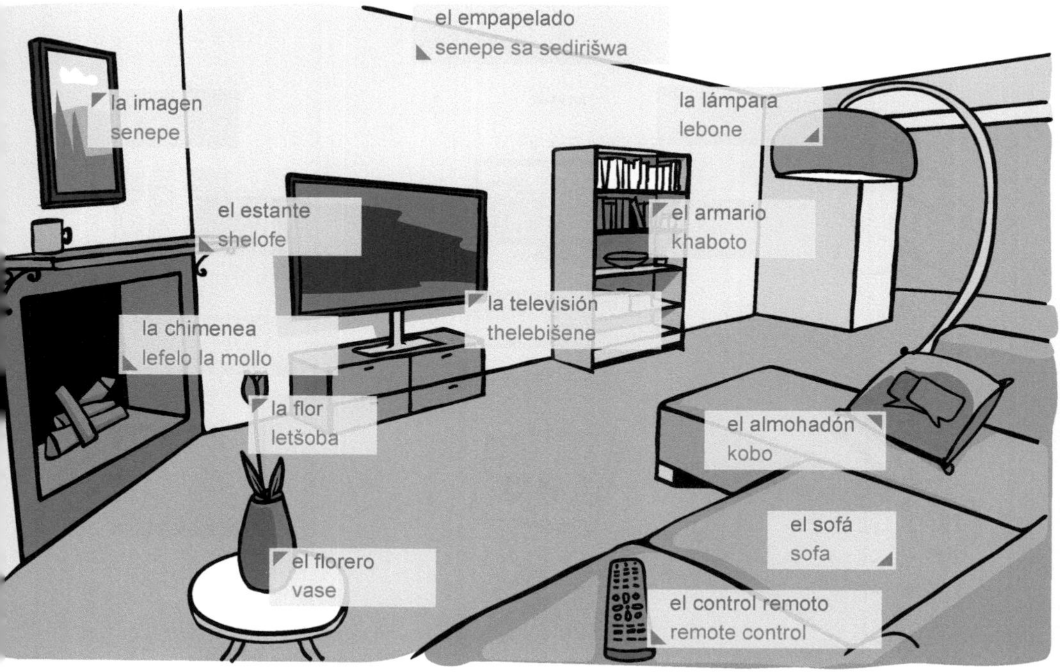

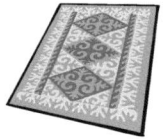

la alfombra

khaphete

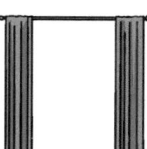

la cortina

garetene

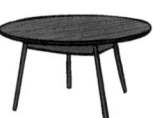

la mesa

tafola

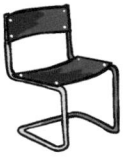

la silla

setulo

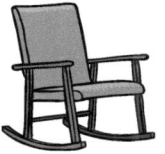

la mecedora

rocking chair

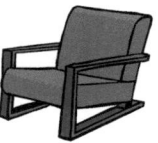

el sillón

armchair

el libro

buka

la frazada

kobo

la decoración

bokgabišo

la leña

dikota tša mollo

la película

filimi

el equipo de música

sedirišwa sa hi-fi

la llave

senotlelo

el diario

kuranta

la pintura

go penta

el póster

phouseta

la radio

radio

el cuaderno

pukwana ya go ngwala

la aspiradora

motšhene wa go hlwekiša

el cactus

mohlašana wa cactus

la vela

kerese

# la cocina
## boapeelo

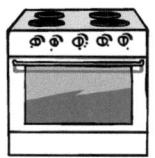

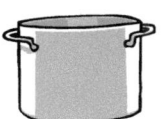

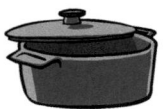

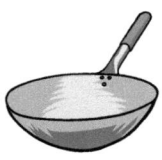

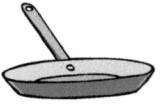

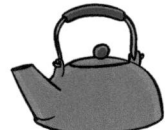

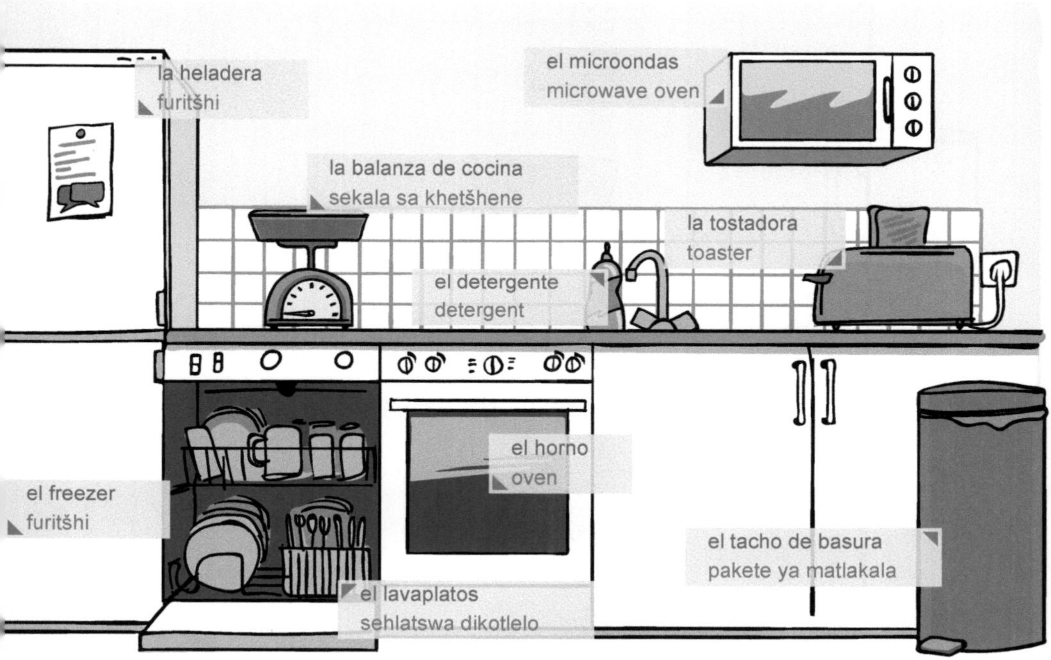

la heladera
furitšhi
el microondas
microwave oven
la balanza de cocina
sekala sa khetšhene
la tostadora
toaster
el detergente
detergent
el horno
oven
el freezer
furitšhi
el tacho de basura
pakete ya matlakala
el lavaplatos
sehlatswa dikotlelo


la cocina

moapei

la olla

pitša

la olla de hierro fundido

cast-iron pot

el wok

wok / kadai

la sartén

pane

la pava

ketlele

la vaporera

steamer

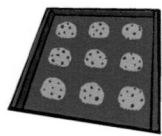

la bandeja de horno

therei ya go paka

la vajilla

dikotlelo

la taza

komiki

el bol

mogopo

los palitos

diphathana tša go ja

el cucharón

lelepola la ladle

la espátula

spatula

la batidora

whisk

el colador

strainer

el colador

sefo

el rallador

kereitara

el mortero

mortar

la parrilla

barbecue

la fogata

thuntšha

la tabla de picar

boto ya dijo

el palo de amasar

rolling pin

el sacacorchos

sebula lepotlelo

la lata

khene

el abrelatas

sebula khene

la manopla

seswara dipoto

la pileta

sinki

el cepillo

borashe

la esponja

sepontše

la batidora

sehlakanyi

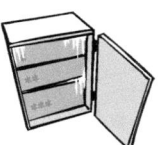

el congelador

freezer

la mamadera

lepotlelo la ngwana

la canilla

pompi

# el baño

## kamora ya go hlapela

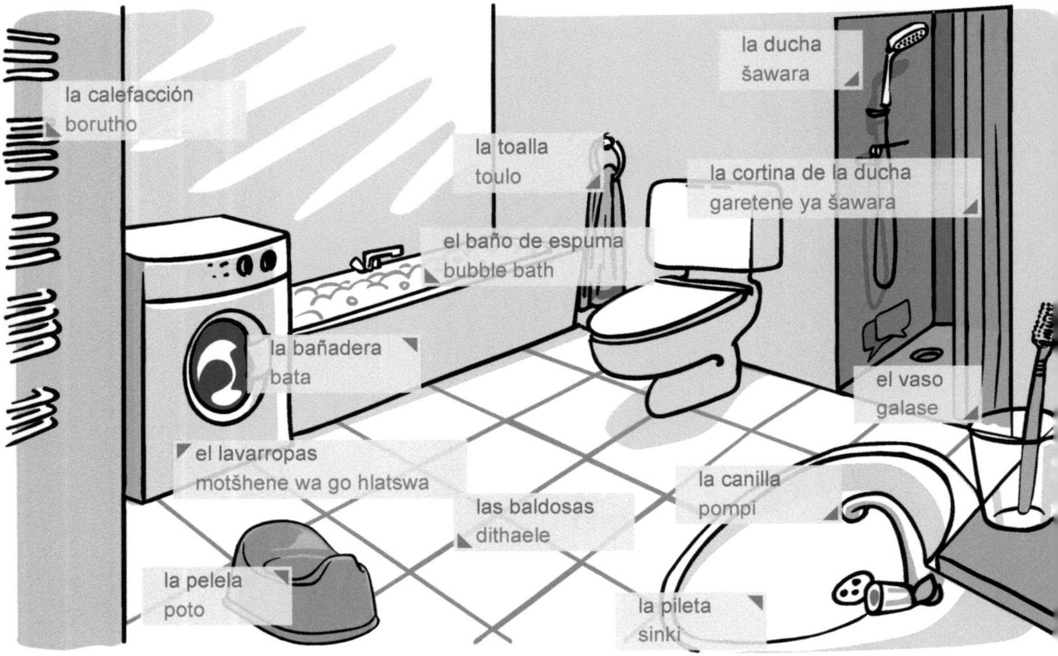

la ducha
šawara

la calefacción
borutho

la toalla
toulo

la cortina de la ducha
garetene ya šawara

el baño de espuma
bubble bath

la bañadera
bata

el vaso
galase

el lavarropas
motšhene wa go hlatswa

la canilla
pompi

las baldosas
dithaele

la pelela
poto

la pileta
sinki

el inodoro
ntlwana

la letrina
ntlwana ya ho tshorama

el bidé
bidet

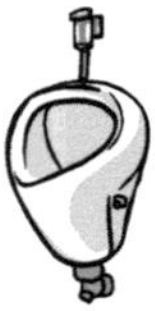

el mingitorio
moroto

el papel higiénico
pampiri ya ntlwana

el cepillo para el inodoro

boraše ya ntlwana

el cepillo de dientes

boraše ya ho hlapa meno

el dentífrico

sešepi sa meno

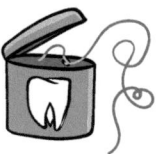

el hilo dental

floss ya meno

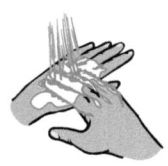

lavar

hlatswa

la ducha de mano

shawara ya go swarwa ka matsogo

la ducha higiénica

douche

la palangana

basin

el cepillo para la espalda

back brush

el jabón

sešepi

el gel de ducha

sešepi sa ka šawareng

el shampoo

shampoo

la toallita

folene

el desagüe

drain

la crema

sa go tlola

el desodorante

senkgiša bose

el espejo

seipone

el espejito

sepili se senyenyane

la maquinita de afeitar

legare

la espuma de afeitar

shaving foam

el aftershave

aftershave

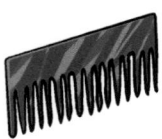

el peine

kamo

el cepillo

boraše

el secador de pelo

derayara ya moriri

el spray

setlola sa moriri

el maquillaje

makeup

el lápiz de labios

setlola sa molomo

el esmalte para uñas

varnish ya manala

el algodón

wulu

la tijera para uñas

sekero sa dinala

el perfume

phefumo

el portacosméticos

pekana ya tša go hlapa

la banqueta

setulo

la balanza

sekala

la bata

toulwana ya go hlapa

los guantes de goma

ditlelafo tša rabara

el tampón

tampon

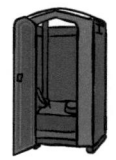

la toallita femenina

toulo ya go phumula matsogo

el baño químico

ntlwana ya dikhemikhale

# el cuarto de los chicos

# phapoši ya bana

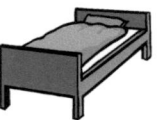

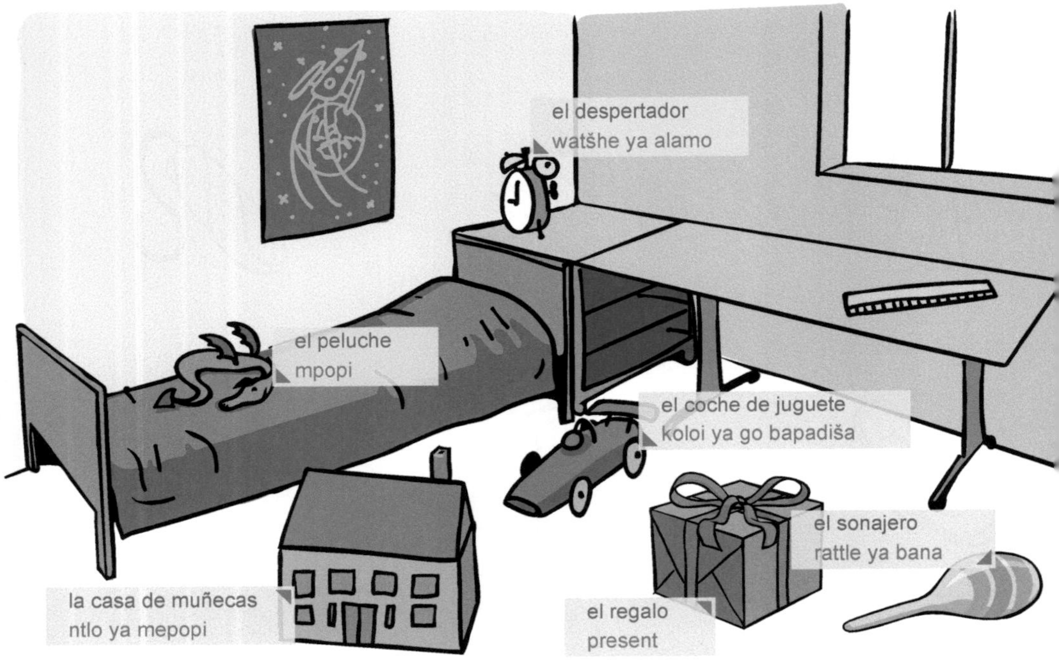

el despertador
watšhe ya alamo
el peluche
mpopi
el coche de juguete
koloi ya go bapadiša
el sonajero
rattle ya bana
la casa de muñecas
ntlo ya mepopi
el regalo
present


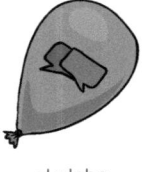

el globo

baluni

la cama

mpeto

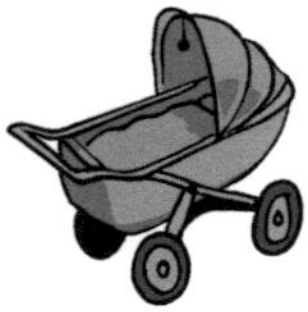

el cochecito

phorema

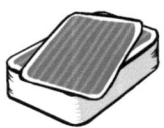

las cartas

dikarata

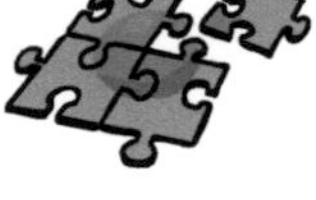

el rompecabezas

papadi ya jigsaw

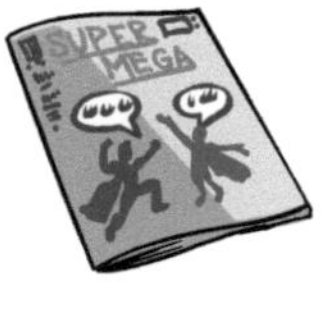

la historieta

metlae

las piezas de lego

papadi ya lego bricks

los ladrillos de juguete

papadi ya building blocks

la figura de acción

action figure

el enterito (de bebé)

go gola ga ngwana

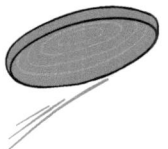

el frisbee

papadi ya Frisbee

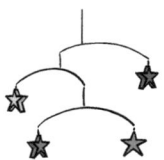

el móvil para bebés

mobile

el juego de mesa

papadi ya boto

los dados

letaese

el tren eléctrico

model train set

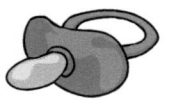

el chupete

tami

la fiesta

phathi

el libro de cuentos ilustrado

puku ya dinepe

la pelota

kgwele

la muñeca

mpopi

jugar

bapala

el arenero

sandpit

la hamaca

swing

los juguetes

tša go bapadiša

la consola de videojuegos

sedirišwa sa dipapadi tša bidio

el triciclo

paesekele ya bana

el osito de peluche

teddy bear

el armario

oteropo

## la ropa

## diaparo

las medias

masokisi

las medias panty

masokisi

las calzas

pentihouso

la bufanda
sekhafo

el paraguas
amporela

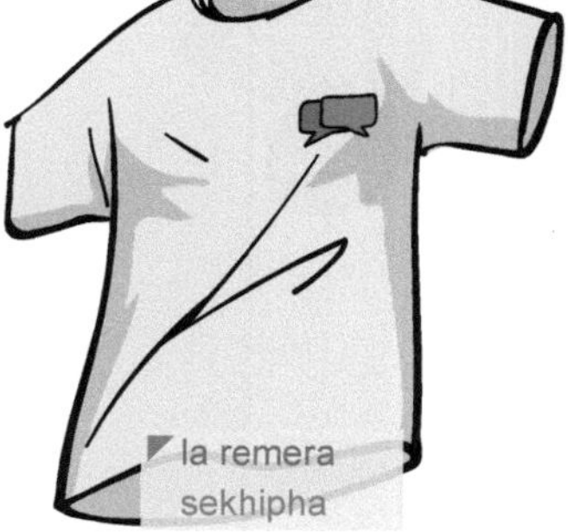

el cinturón
lepanta

la remera
sekhipha

las botas
díputsu

las zapatillas
diteki

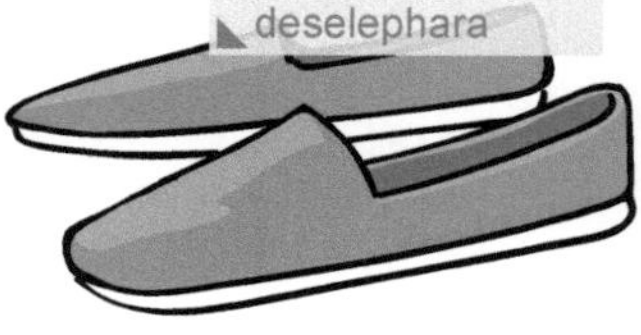

las pantuflas
deselephara

las sandalias

ramphešane

los zapatos

dieta

las botas de goma

diputsu tša rabara

la ropa interior

borokgwana bja ka fase

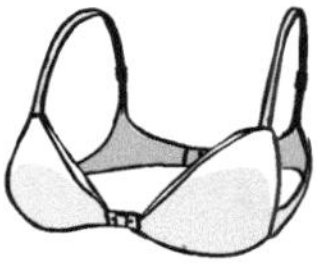

el corpiño

seaparo sa bra

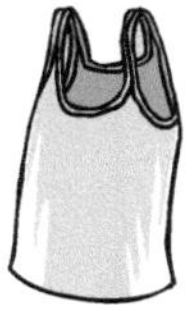

el chaleco

besete

la ropa - diaparo

45

el body

mmele

los pantalones

marokgo

los jeans

pokathe

la pollera

sekhethe

la blusa

seaparo sa blouse

la camisa

hempe

el pulóver

jase

el buzo

jase

el blazer

seaparo sa blazer

la campera

baki

el tapado

jase

el piloto

jase ya pula

el traje

khosetumo

el vestido

roko

el vestido de novia

lešira

el traje

sutu

el camisón

seaparo sa go robala

el pijama

dipejama

el sari

sari

el pañuelo para la cabeza

sekafo

el turbante

turban

la burka

seaparo sa burqa

el caftán

roko ya kaftan

la abaya

abaya

el traje de baño

seaparo sa go rutha

el short de baño

diteranka

los shorts

marukgwana a manyenyane

el jogging

terekesutu

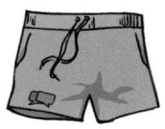

el delantal

apron

los guantes

ditlelafo

la ropa - diaparo

47

el botón

konope

los anteojos

digalase

la pulsera

boreiselete

el collar

nekeleise

el anillo

palamonwana

el aro

lengena

la gorra

kepisi

la percha

hengere ya jase

el sombrero

kefa

la corbata

thai

el cierre

zip

el casco

helmete

los tiradores

braces

el uniforme escolar

diaparo tša sekolo

el uniforme

unifomo

el babero

seaparo sa bib

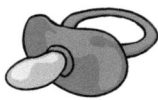

el chupete

tami

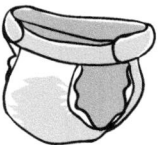

el pañal

mongato

# la oficina
## ofisi

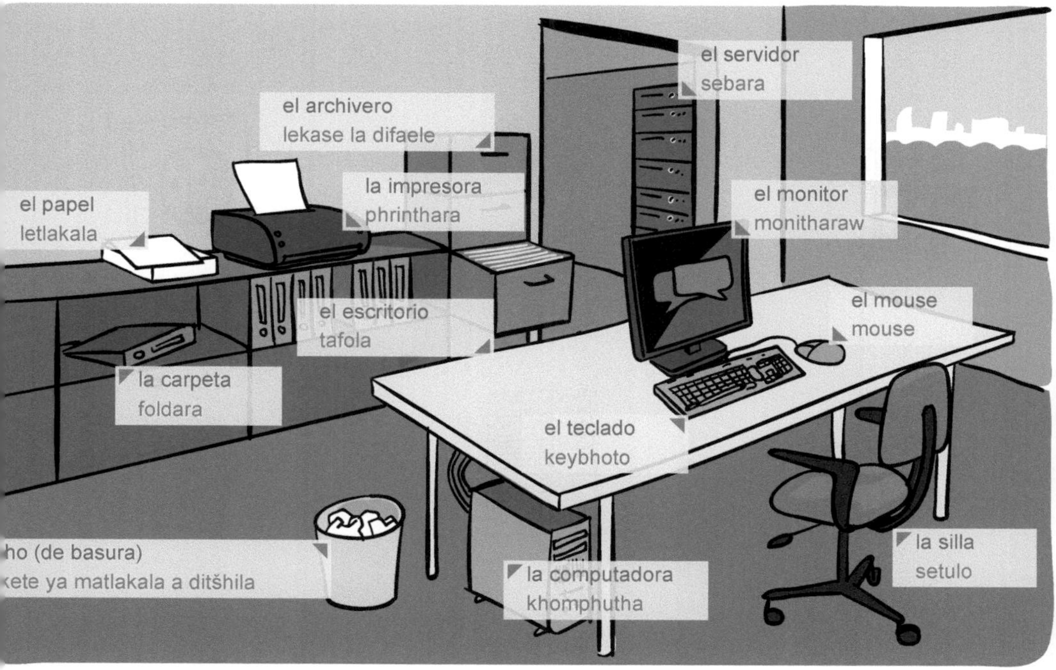

el servidor
sebara

el archivero
lekase la difaele

la impresora
phrinthara

el papel
letlakala

el monitor
monitharaw

el escritorio
tafola

el mouse
mouse

la carpeta
foldara

el teclado
keybhoto

ho (de basura)
kete ya matlakala a ditšhila

la computadora
khomphutha

la silla
setulo

la taza de café

komiki ya kofi

la calculadora

khalekhuleitha

el internet

inthanete

la laptop

laptop

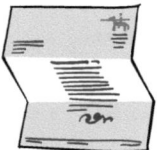

la carta

lengwalo

el mensaje

molaetša

el celular

mogalathekeng

la red

netweke

la fotocopiadora

motšhene wa go photokhopa

el software

software

el teléfono

mogala

el tomacorriente

pholaka ya sokete

el fax

motšhine wa go fekesa

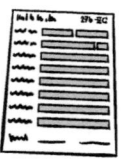

el formulario

fomo

el documento

dipampiri

comprar

reka

pagar

lefa

hacer negocios

rekiša

el dinero

tšhelete

 **USD**

el dólar

dollar

 **EUR**

el euro

euro

**JPY**

el yen

yen

**RUB**

el rublo

rouble

**CHF**

el franco suizo

Swiss franc

**CNY**

el yuan

renminbi yuan

**INR**

la rupia

rupee

el cajero automático

lefelo la go ntšha tšhelete

la casa de cambio

lefelo la go fetola tšhelete

el oro

gauta

la plata

silifera

el petróleo

oil

la energía

matla

el precio

poraese

el contrato

konteraka

el impuesto

motšhelo

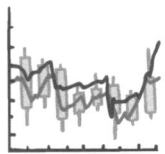

la acción

setokho

trabajar

mošomo

el empleado

mošomi

el empleador

mothwadi

la fábrica

feketori

el negocio

lebenkele la dijo

# las ocupaciones
# bodulo

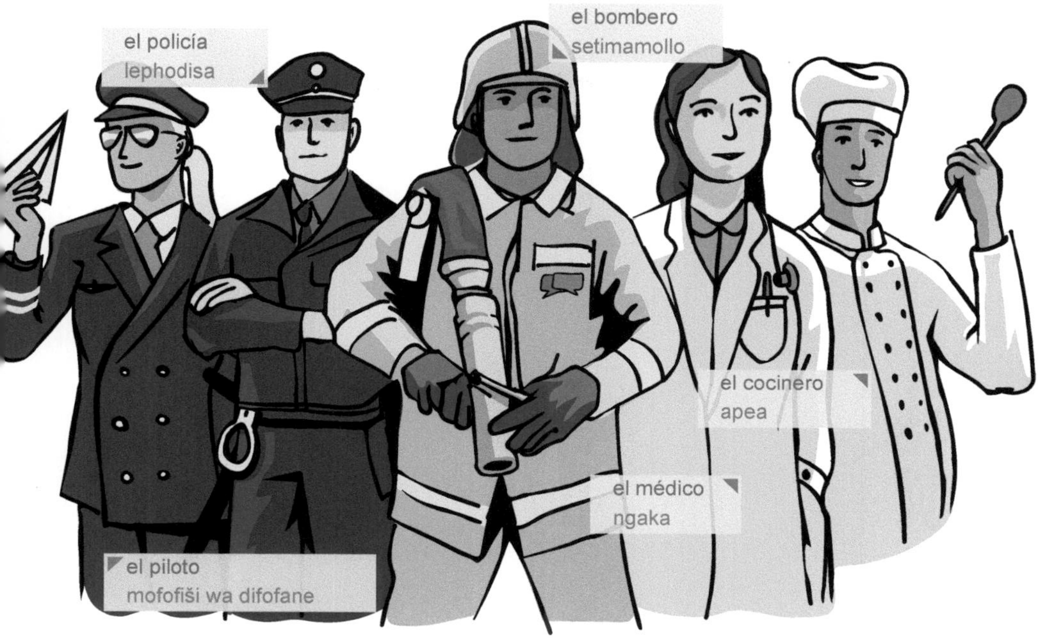
el bombero
setimamollo
el policía
lephodisa
el cocinero
apea
el médico
ngaka
el piloto
mofofiši wa difofane

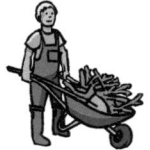

el jardinero

mohlokomedi wa dirapana

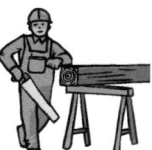

el carpintero

mmetli

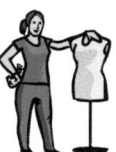

la modista

moroki

el juez

moahlodi

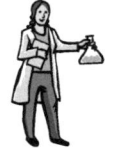

el farmacéutico

khemise

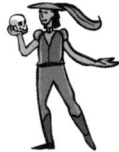

el actor

mmapadi

el colectivero

mootledi wa pase

el taxista

mootledi wa thekisi

el pescador

moswara dihlapi

la mucama

mosadi wa go hlwekiša

el techista

molokiša marulelo

el mozo

weithara

el cazador

motsomi

el pintor

motho wa go penta

el panadero

mopaki

el electricista

electrician

el albañil

moagi

el ingeniero

moenjeneare

el carnicero

selaga

el plomero

polambara

el cartero

mosepediši wa poso

el soldado

mohlabani

el arquitecto

mothadi wa dintlo

el cajero

morekiši

el florista

molemi wa matšoba

el peluquero

mologi wa moriri

el cobrador

molaodi

el mecánico

mekhenikhe

el capitán

mokapotene

el dentista

ngaka ya meno

el científico

rathutamahlale

el rabino

moruti

el imán

moetapele wa dithapelo

el monje

monk

el sacerdote

moruti

# las herramientas
## didirišwa

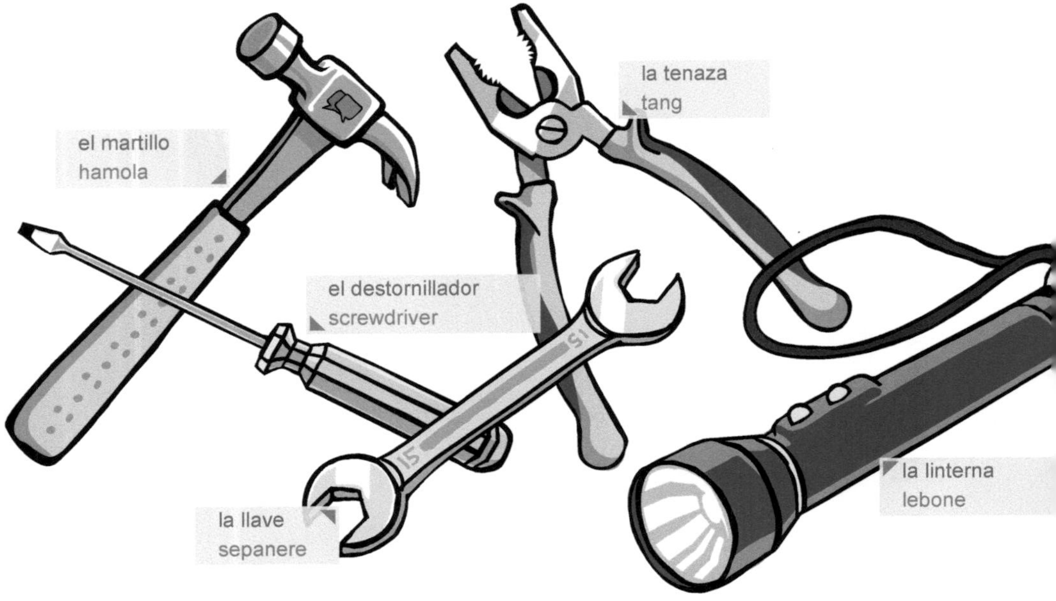

el martillo
hamola
la tenaza
tang
el destornillador
screwdriver
la llave
sepanere
la linterna
lebone


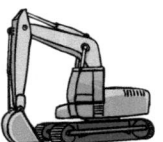

la excavadora

seepi

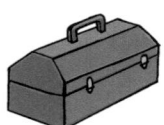

la caja de herramientas

lepokisi la dithulusi

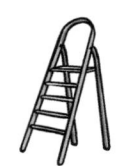

la escalera portátil

llere

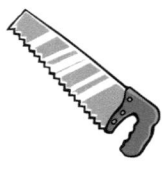

la sierra

saga

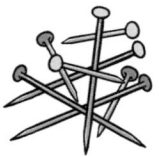

los clavos

dipikiri

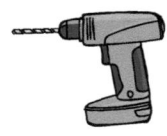

el taladro

sebori

arreglar

lokiša

la pala de jardín

garafo

¡Qué bronca!

ijoo!

la pala de plástico

seolela matlakala

el tacho de pintura

pitša ya pente

los tornillos

sekurufu

## los instrumentos musicales
## didirišwa tša mmino

el parlante
segaša modumo

la batería
diteramo

el contrabajo
beise ya gabedi

la trompeta
porompeta

la guitarra
katara

el piano

piano

el violín

violin

el bajo

beise

los timbales

timpani

el tambor

diteramo

el teclado

keybhoto

el saxofón

saxophone

la flauta

phala

el micrófono

mmaekrofouno

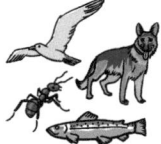

# el zoológico
## zuu

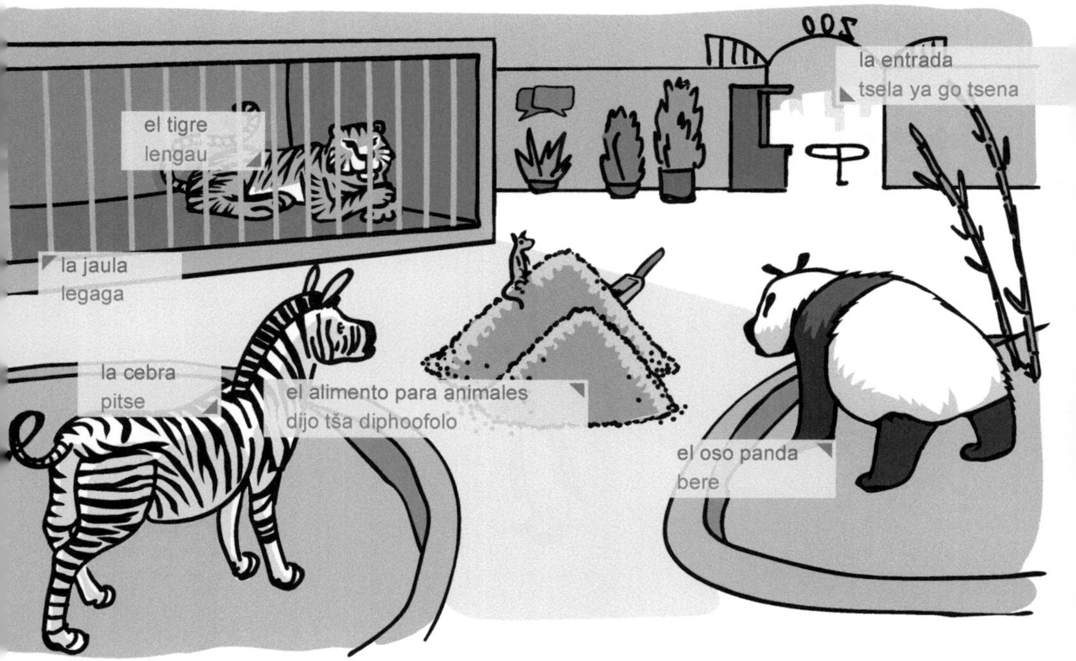

la entrada
tsela ya go tsena
el tigre
lengau
la jaula
legaga
la cebra
pitse
el alimento para animales
dijo tša diphoofolo
el oso panda
bere


los animales
diphoofolo

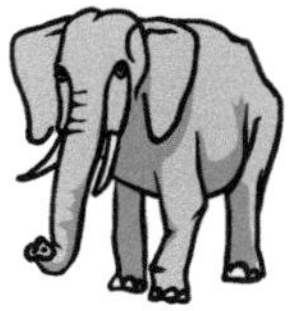

el elefante
tlou

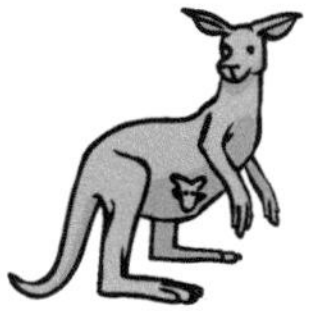

el canguro
kangaroo

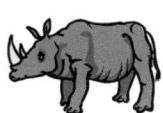

el rinoceronte
tšhukudu

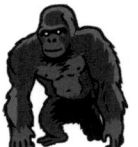

el gorila
gorilla

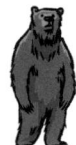

el oso
bere

el camello

kamela

el avestruz

mpšhe

el león

tau

el mono

tšhwene

el flamenco

nonyana ya flamingo

el loro

nonyana ya parrot

el oso polar

bere ya polar

el pingüino

penguin

el tiburón

shark

el pavo real

phikoko

la serpiente

noga

el cocodrilo

kwena

el cuidador del zoológico

mohlokomedi wa di zoo

la foca

sili

el jaguar

jaquar

el poni

pokolo

el leopardo

lepogo

el hipopótamo

hippo

la jirafa

thutlwa

el águila

lenong

el jabalí

kolobe ya naga

el pescado

hlaphi

la tortuga

khudu

la morsa

walrus

el zorro

phiri

la gacela

phuthi

# los deportes
## dipapadi

el fútbol americano
kgwele ya Amerika

el ciclismo
go reila paesekela

el tenis
thenese

el básquet
basketball

la natación
go rutha

el hockey sobre hielo
hockey ya lehlweng

el boxeo
ntwa ya matswele

el fútbol
kgwele ya maoto

el bádminton
badminton

el atletismo
bakitimi

el handball
polo ya matsogo

el esquí
skiing

el polo
polo

# las actividades
## mediro

reír
sega
saltar
taboga
abrazar
gokara
caminar
sepela
cantar
opela
soñar
lora
rezar
rapela
besar
atla

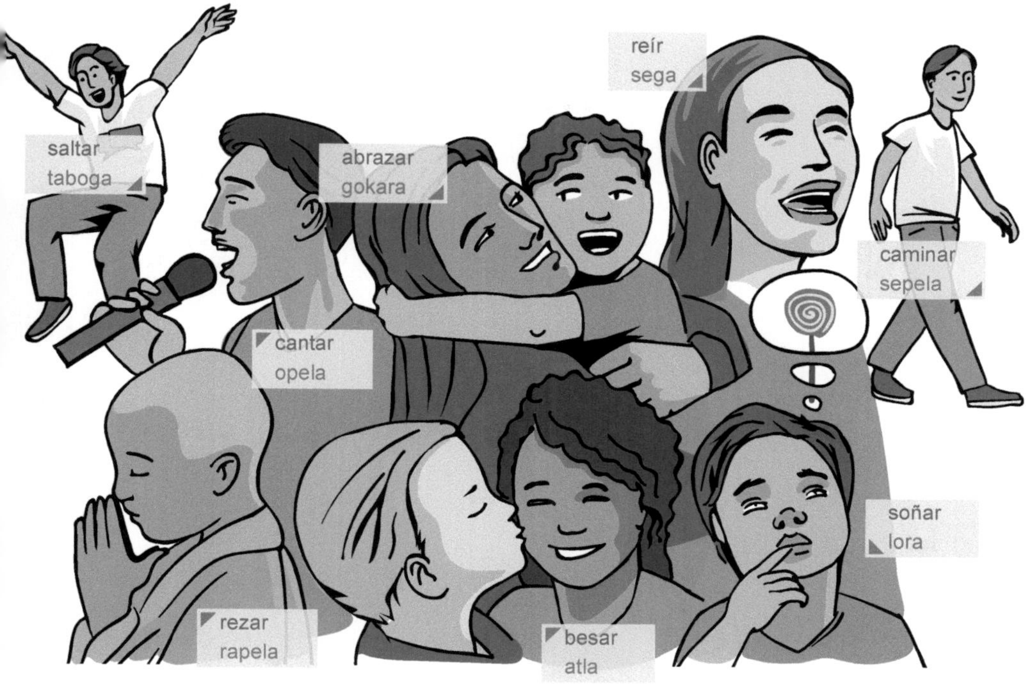

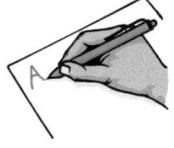

escribir
ngwala

dibujar
thala

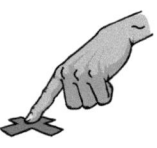

mostrar
bontšha

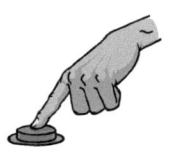

presionar
kgorometša

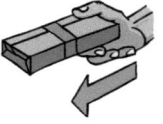

dar
efa

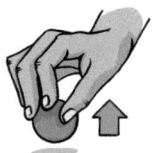

tomar
tšea

tener

e ba le

hacer

dira

ser

eba

estar parado

ema

correr

kitima

tirar

goga

tirar

lahlela

caer

e wa

estar acostado

maaka

esperar

emanyana

llevar

rwala

estar sentado

dula

vestirse

go apara

dormir

robala

despertar

tsoga

mirar

lebelela

llorar

lla

acariciar

seterouko

peinar

kamo

hablar

bolela

entender

kwešiša

preguntar

botšiša

escuchar

theetša

beber

e nwa

comer

eja

ordenar

hlwekiša

amar

lerato

cocinar

apea

manejar

otlela

volar

fofa

navegar

sesa

calcular

khalekhuleitha

leer

bala

aprender

ithute

trabajar

mošomo

casarse

nyala

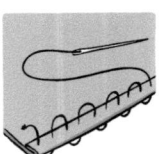

coser

roka

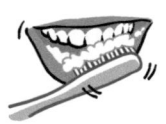

cepillarse los dientes

hlapa meno

matar

bolaya

fumar

kgoga

enviar

romela

la abuela
makgolo

el abuelo
rakgolo

el padre
tate

la madre
mma

el bebé
ngwana

la hija
morwedi

el hijo
morwa

el invitado

moeng

la tía

rakgadi

el tío

malome

el hermano

abuti

la hermana

sesi

# el cuerpo

## mmele

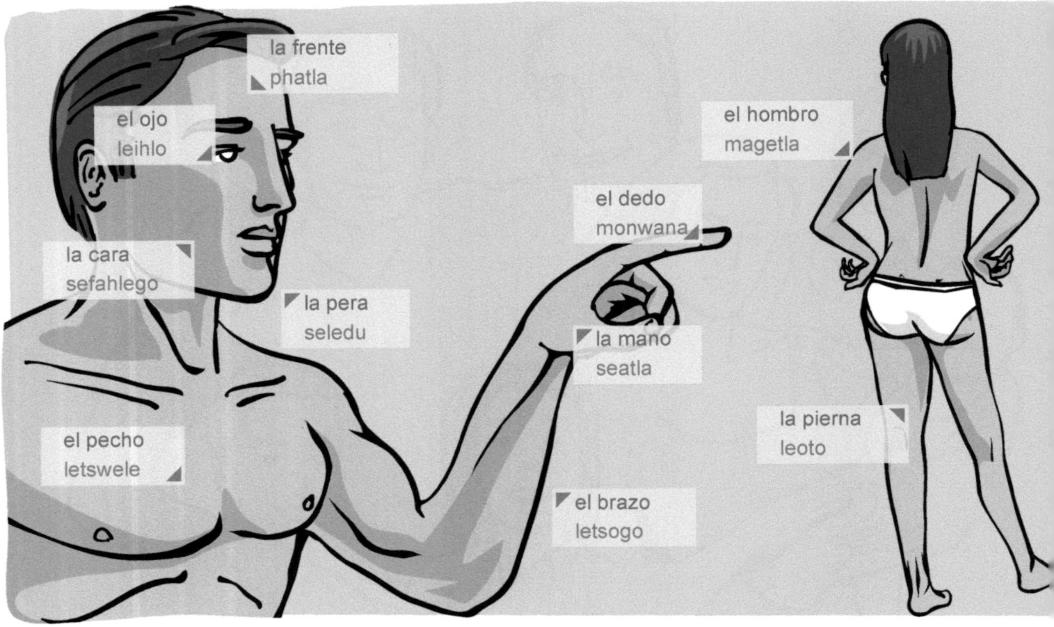

la frente
phatla

el ojo
leihlo

el hombro
magetla

el dedo
monwana

la cara
sefahlego

la pera
seledu

la mano
seatla

la pierna
leoto

el pecho
letswele

el brazo
letsogo

el bebé
ngwana

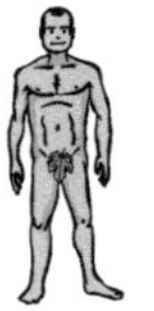

el hombre
monna

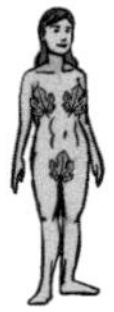

la mujer
mosadi

la nena
kgarebe

el nene
mošemane

la cabeza
hlogo

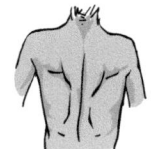

la espalda

morago

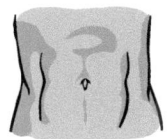

la panza

mokhaba

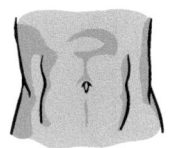

el ombligo

mokhubu

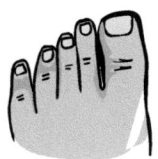

el dedo del pie

monwana

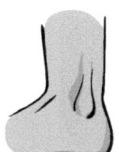

el talón

tlhako

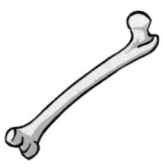

el hueso

lerapo

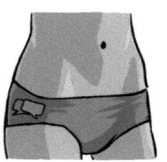

la cadera

matheka

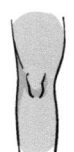

la rodilla

leoto

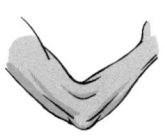

el codo

khuru

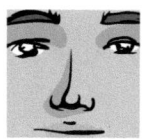

la nariz

nko

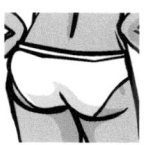

la cola

tlase

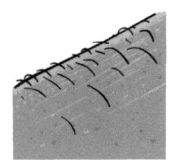

la piel

letlalo

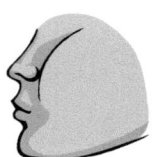

el cachete

lerama

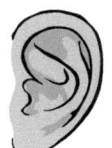

la oreja

tsebe

el labio

molomo

la boca

molomo

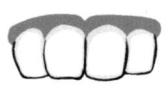

el diente

leino

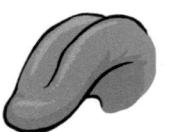

la lengua

Leleme

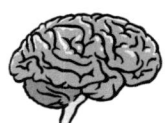

el cerebro

bjoko

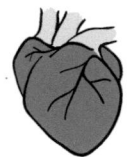

el corazón

pelo

el músculo

segoba

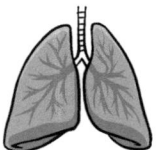

el pulmón

maswafo

el hígado

sebete

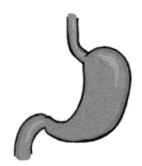

el estómago

mala

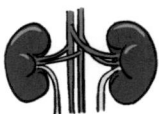

los riñones

diphsio

el sexo

thobalano

el preservativo

condom

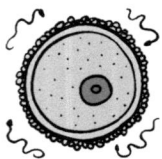

el óvulo

Ovum

el semen

matshedi

el embarazo

go ima

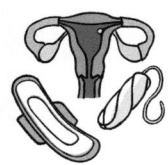

la menstruación

go bona kgwedi

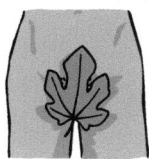

la vagina

setho sa bosadi

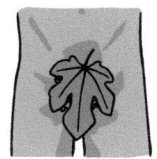

el pene

setho sa bonna

la ceja

dintši

el pelo

moriri

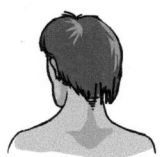

el cuello

molala

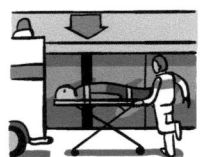

# el hospital
# sepetlele

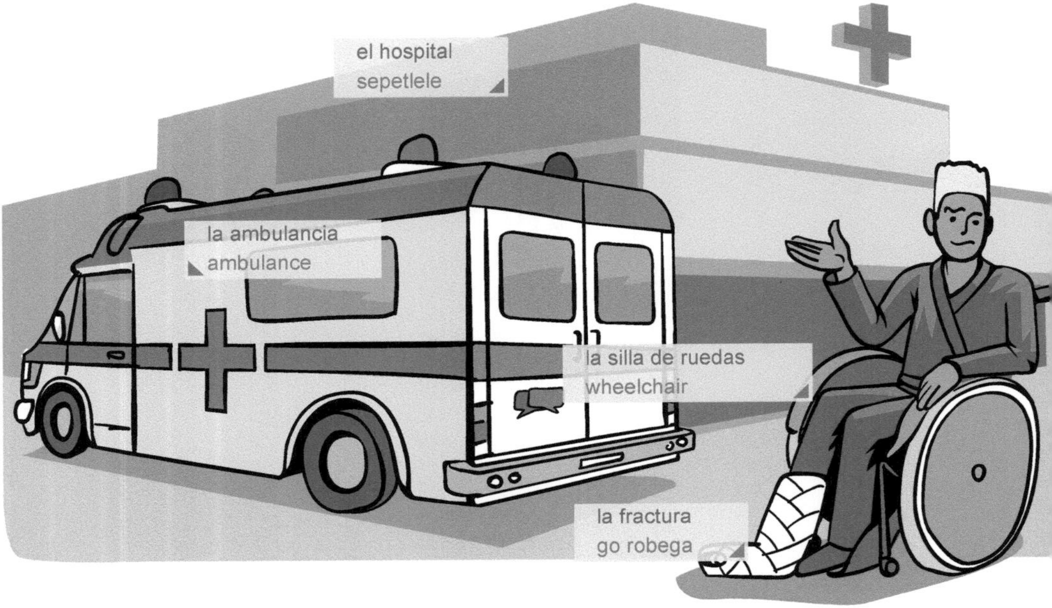

el hospital
sepetlele
la ambulancia
ambulance
la silla de ruedas
wheelchair
la fractura
go robega

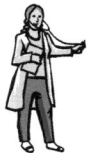

el médico

ngaka

la sala de guardia

phapoši ya tša tšhoganetšo

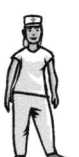

la enfermera

mooki

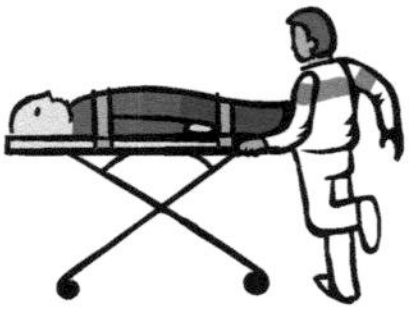

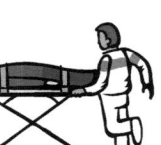

la emergencia

tšhoganetšo

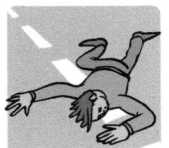

inconsciente

go idibala

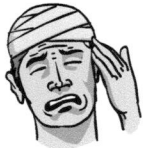

el dolor

bohloko

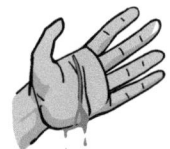

la lesión

go gobala

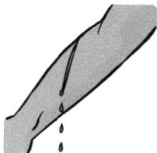

la hemorragia

go tšwa madi

el infarto

bolwetši bja pelo

el ACV

setorouko

la alergia

ge mmele o ganana le dijo

la tos

go gohlola

la fiebre

go gohlola

la gripe

sehuba

la diarrea

letšhollo

el dolor de cabeza

go opa ke hlogo

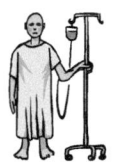

el cáncer

kankere

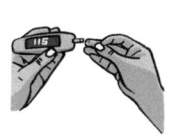

la diabetes

swikiri

el cirujano

mmui

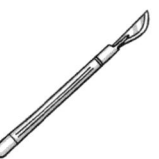

el bisturí

thipa ya scalpel

la operación

go bulwa

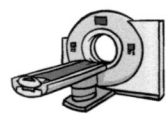

la TC

CT

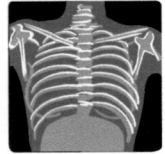

los rayos x

x-ray

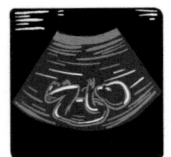

la ecografía

ultrasound

el barbijo

sethiba sefahlego

la enfermedad

bolwetši

la sala de espera

phapoši ya go leta

la muleta

lehlotlo

la curita

sedirišwa sa plaster

la venda

lešela la ntho

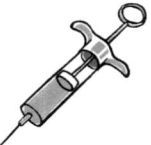

la inyección

nalete

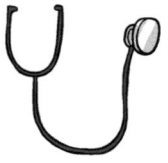

el estetoscopio

sthehosekoupo

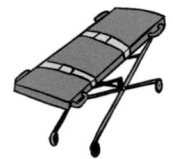

la camilla

seteretšhara

el termómetro

themoketha ya kgathelelo

el nacimiento

go belebga

el sobrepeso

mmele o mogolo

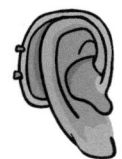

el audífono

sethuša ditsebe

el desinfectante

disinfectant

la infección

twatši

el virus

baerase

el VIH / SIDA

HIV / AIDS

el remedio

dihlare

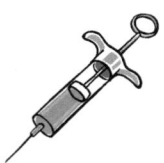

la vacunación

tlhabelo ya go thibela
malwetši

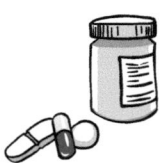

los comprimidos

dipilisi

la pastilla anticonceptiva

pilisi

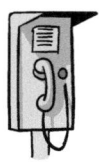

la llamada de emergencia

mogala wa tšhoganetšo

el tensiómetro

sehlahlobi sa pelo

enfermo / sano

go babja / phetše gabotse

¡Ayuda!

Thušo!

la alarma

alamo

la agresión

go tšhošetšwa

el ataque

tlhaselo

el peligro

kotsi

la salida de emergencia

go tšwa ka tšhoganetšo

¡Fuego!

Mollo!

el matafuego

setimamollo

el accidente

kotsi

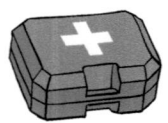

el botiquín de primeros auxilios

first-aid kit

el SOS

SOS

la policía

maphodisa

Europa

Yuropa

América del Norte

Amerika Bodikela

América del Sur

Amerika Borwa

África

Afrika

Asia

Asia

Australia

Australia

el Atlántico

Atlantic

el Pacífico

Pacific

el Océano Índico

Lewatle la India

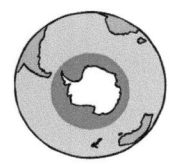

el Océano Antártico

Lewatle la Antarctic

el Océano Ártico

Lewatle la Arctic

el polo norte

North Pole

el polo sur

South Pole

la Antártida

Antarctica

la Tierra

Lefase

la tierra

naga

el mar

noka

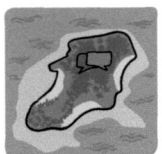

la isla

island

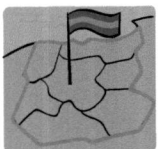

la nación

naga

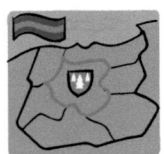

el estado

state

la esfera

sešupanako sa dinomoro

la manecilla de las horas

diiri tša sešupanako

el minutero

metsotso ya sešupanako

el segundero

metsotswana ya sešupanako

¿Qué hora es?

Ke nako mang?

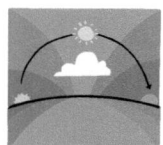

el día

letšatši

la hora

nako

ahora

gona bjale

el reloj digital

sešupanako sa dinomoro

el minuto

metsotso

la hora

iri

# la semana
## beke

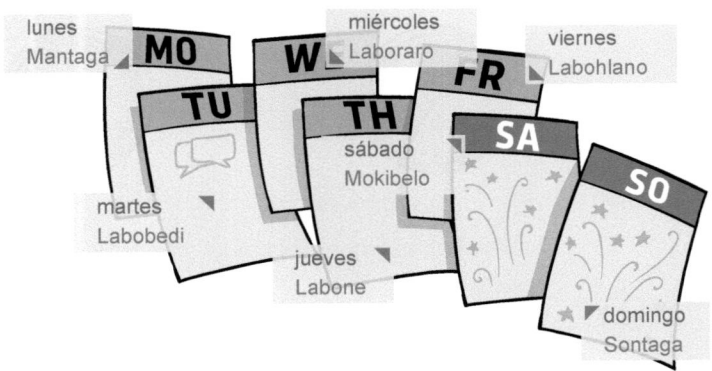

lunes
Mantaga

miércoles
Laboraro

viernes
Labohlano

martes
Labobedi

sábado
Mokibelo

jueves
Labone

domingo
Sontaga

ayer
.................
maobane

hoy
.................
lehono

mañana
.................
ka moswana

la mañana
.................
mesong

el mediodía
.................
Thapama

la tarde
.................
mantšiboa

los días hábiles
.................
matšatši a kgwebo

el fin de semana
.................
mafelobeke

# el año

# ngwaga

la lluvia
pula
el arco iris
molalatladi
la nieve
lehlwa
el viento
phefo
la primavera
seruthwane
el otoño
lehlabula
el verano
selemo
el invierno
marega


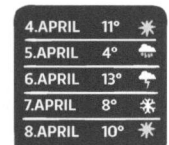

4.APRIL 11°
5.APRIL 4°
6.APRIL 13°
7.APRIL 8°
8.APRIL 10°


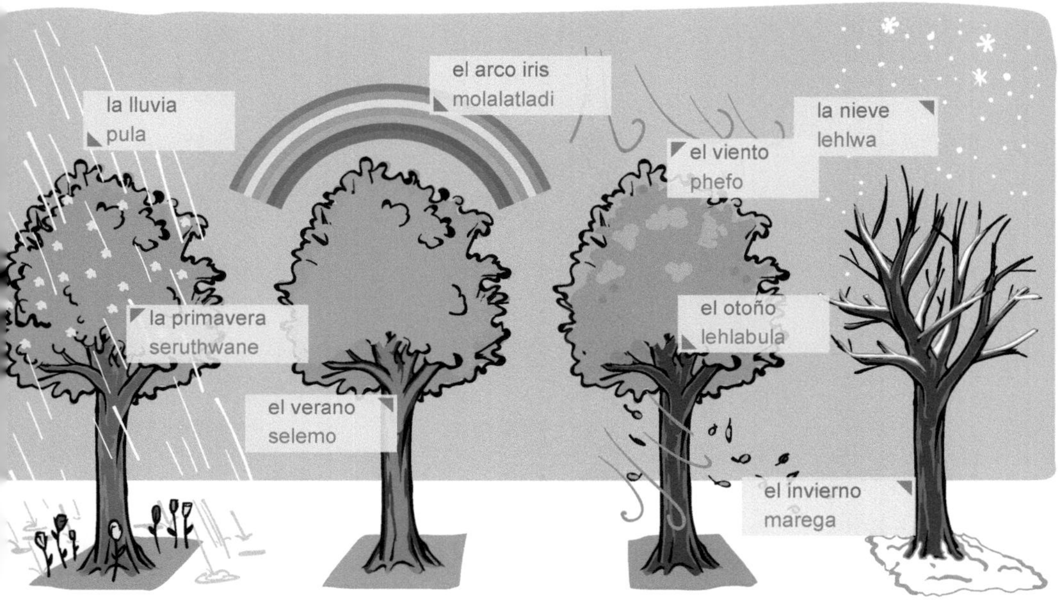

l pronóstico meteorológico

tsebišo ya leratadima

F C
120 90 60 30 0 -30
40 30 20 10 0 -10 -20


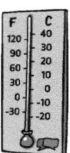

el termómetro

thermometer

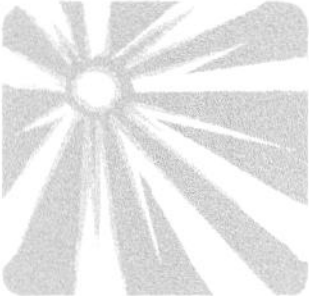

la luz del sol

mahlasedi a letšatši

la nube

maru

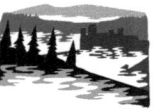

la niebla

kgudi

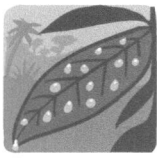

la humedad

go koloba

el rayo

legadima

el trueno

legadima

la tormenta

ledimo

el granizo

sefako

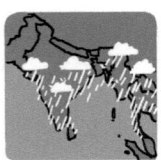

el monzón

ledimo

la inundación

lefula

el hielo

lehlwa

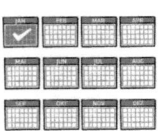

enero

January

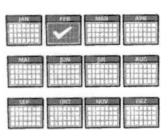

febrero

February

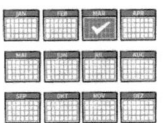

marzo

March

abril

April

mayo

May

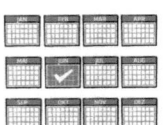

junio

June

julio

July

agosto

August

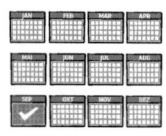

septiembre

September

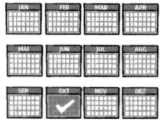

octubre

October

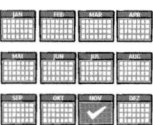

noviembre

November

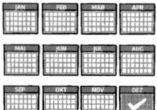

diciembre

December

## las formas
## dibopego

el círculo

nthokolo

el cuadrado

sekwere

el rectángulo

rectangle

el triángulo

theraekele

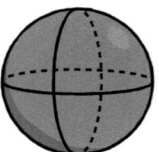

la esfera

nthokolo

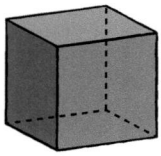

el cubo

cube

# colores
## mebala

blanco

tshweu

amarillo

kheri

naranja

namone

rosa

pinki

rojo

khubedu

violeta

phepholo

azul

pududu

verde

tala

marrón

tshehla

gris

kerei

negro

bontsho

mucho / poco

tše dintši / tše dinyenyane

enojado / tranquilo

befetšwe / theotše maswafo

lindo / feo

botse / befile

el principio / el fin

mathomo / mafelelo

grande / chico

kgolo / nyenyane

claro / oscuro

seetša / leswiswi

el hermano / la hermana

abuti / sesi

limpio / sucio

hlwekile / ditšhila

completo / incompleto

feletše / ga se e felele

el día / la noche

mosegare / bošego

muerto / vivo

hwile / o sa phela

ancho / angosto

go bulega / go tswalelega

comestible / no comestible

e a jega / ga e jege

malo / amable

bobe / go loka

entusiasmado / aburrido

mahlahlo / go tšwafa

gordo / flaco

bokoto / bosese

primero / último

mathomo / mafelelo

el amigo / el enemigo

mogwera / lenaba

lleno / vacío

e tletše / ga e na selo

duro / blando

tiile / e bonolo

pesado / liviano

ya roba / e bobebo

el hambre / la sed

tlala / mokhoro

enfermo / sano

go babja / phetše gabotse

ilegal / legal

ga e molaong / e molaong

inteligente / estúpido

bohlale / lešilo

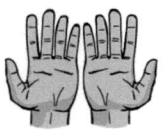

izquierda / derecha

le letshadi / le letona

cerca / lejos

kgaufsi / kgole

nuevo / usado

mapsha / e dirišitšwe

nada / algo

selo / se sengwe

viejo / joven

motšofadi / mofsa

encendido / apagado

laeta / tima

abierto / cerrado

bula / tswalela

silencioso / ruidoso

homola / rasa

rico / pobre

go huma / go diila

correcto / incorrecto

e lokilego / e sa lokago

áspero / suave

makgwakgwa / go thelela

triste / contento

go nyama / go thaba

corto / largo

mokopana / motelele

lento / rápido

go nanya / go kitima

mojado / seco

go koloba / go oma

caliente / frío

borutho / go tonya

guerra / paz

ntwa / khutšo

los opuestos - tša go fapana

# los números

## dinomoro

**0**
cero
nnoto

**1**
uno
tee

**2**
dos
pedi

**3**
tres
tharo

**4**
cuatro
nne

**5**
cinco
tlhano

**6**
seis
tshela

**7**
siete
šupa

**8**
ocho
seswai

**9**
nueve
senyane

**10**
diez
lesome

**11**
once
lesome tee

**12**

doce

lesome pedi

**13**

trece

lesome tharo

**14**

catorce

lesome nne

**15**

quince

lesome tlhano

**16**

dieciséis

lesome tshela

**17**

diecisiete

lesome šupa

**18**

dieciocho

lesome seswai

**19**

diecinueve

lesome senyane

**20**

veinte

masomepedi

**100**

cien

lekgolo

**1.000**

mil

sekete

**1.000.000**

el millón

milione

el inglés

Seisemane

el inglés americano

Seisemane sa Amerika

el chino mandarín

Sechina sa Mandarin

el hindi

Sehindi

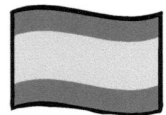

el español

Spanish

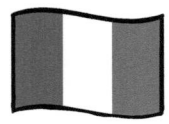

el francés

Sefora

el árabe

Searabic

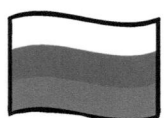

el ruso

Serašia

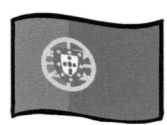

el portugués

Sepotokisi

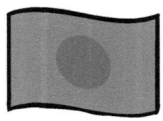

el bengalí

Sebengali

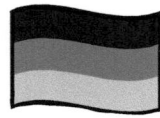

el alemán

Sejeremane

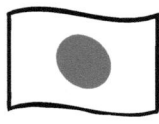

el japonés

Sefapane

yo

Nna

vos

wena

él / ella

yena / yona

nosotros

rena

ustedes

wena

ellos

bona

¿quién?

bomang?

¿qué?

eng?

¿cómo?

bjang?

¿dónde?

mo kae?

¿cuándo?

neng?

el nombre

leina

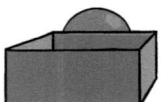

detrás

ka morago

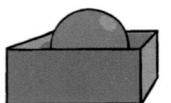

en

go

adelante de

kgaufsi le

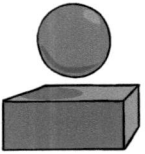

por encima de

godimo ga

sobre

go

debajo de

ka tlase ga

al lado de

ka lehlakoreng la

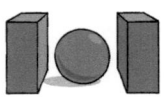

entre

magareng ga

el lugar

lefelo